L'EUROPE GALANTE,

BALLET,

REPRESENTÉ

PAR L'ACADEMIE ROYALE DE MUSIQUE;

POUR LA PREMIERE FOIS

Le vingt-quatriéme d'Octobre 1697.

Repris en 1703. 1715. 1724. & 1736.

Et remis le Mardi 9 May 1747.

PRIX XXX. SOLS.

AUX DEPENS DE L'ACADEMIE.

On trouvera les Livres de Paroles à la Salle de l'Opera & à l'Academie Royale de Musique, rue S. Nicaise.

M. D. CCXLVII.

AVEC APPROBATION ET PRIVILEGE DU ROY.

Les Paroles de Monsieur DE LA MOTHE.

La Musique de Monsieur CAMPRA.

ACTEURS CHANTANS

Dans les Chœurs.

Côté du Roi.		Côté de la Reine.	
Mesdemoiselles.	*Messieurs.*	*Mesdemoiselles.*	*Messieurs*
Dun.	Lefebvre.	Cartou.	Deserre.
Tulou	Marcelet.	Monville.	Gratin.
	Le Page C.		S. Martin.
Delorge.	Laubertie.	Riviere.	Le Mesle.
	Fel.		Sequeval.
Larcher.	Bourque.	Masson.	Bellanger.
Delâtre.	Houbault.	Rôllet.	Levasseur.
	Bornet.	Daliere.	
Cazeau.	Duchênet	Somerville.	Belot.
Delorme.	Gallard.		Loüatron.
	Rochette.	Chedville.	Chapotin.
Lablotiere.	Pinot.	Gondré.	Dugué.

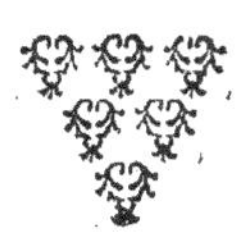

ACTEURS

DU PROLOGUE.

VENUS,	Mlle Romainville.
LA DISCORDE,	Mr de Chassé.
UNE GRACE,	Mlle Coupée.

PERSONNAGES DANSANS.

LES GRACES.

Mlles Lyonnois, St-Germain, Courcelle.

JEUX.

Mrs Dangeville, P-Dumoulin, Caillez.

Mlles Puvigné, Duchâteau, Devaux.

PLAISIRS.

Mrs Feuillade, Lyonnois.

Mlles Thiery, Beaufort.

PROLOGUE.

Le théatre représente une Forge galante, où les Graces, les Plaisirs, & les Ris sont occupés à forger les traits de l'Amour. VENUS *y descend pour les exciter au travail.*

SCENE PREMIERE.

VENUS, LES GRACES, LES PLAISIRS, ET LES RIS.

VENUS, à sa suite.

Rappez, frappez, ne vous lassez jamais;
Qu'à vos travaux l'Echo réponde.
Pour le fils de Venus forgez de nouveaux traits;
Qu'ils portent dans les cœurs une atteinte profonde.
Frappez, frappez, ne vous lassez jamais;
Vous travaillez pour le bonheur du monde.

CHŒUR.

Frappons, frappons, ne nous lassons jamais;
Qu'à nos travaux l'Echo réponde.

Pour le fils de Venus forgeons de nouveaux traits;
Qu'ils portent dans les cœurs une atteinte profonde.
Frappons, frappons, ne nous lassons jamais;
Nous travaillons pour le bonheur du monde.

VENUS.

C'est Vulcain qui fait le tonnerre,
Dont le Maître des Dieux épouvante la terre;
Mais ce sont les Plaisirs, les Graces, & les Ris
Qui forment les traits de mon fils.
Jeunes Cœurs, essayez la douceur de ses armes;
Qui s'en laisse blesser éprouve mille charmes.

On danse.

UNE GRACE, *Alternativement avec le* CHŒUR.

Souffrez que l'Amour vous blesse,
Belles, chassez la fierté:
Apprenez que la tendresse
Est l'ame de la beauté.

UNE GRACE.

C'est dans une tendresse extrême
Qu'on trouve des plaisirs parfaits;
On n'est content que quand on aime,
Les autres biens sont sans attraits;
Pour être heureux l'Amour lui-même
S'est blessé de ses traits.

On danse.

Le Divertissement est troublé par une Symphonie qui annonce LA DISCORDE.

SCENE II.

LA DISCORDE, VENUS, & *leur Suite.*

VENUS.

QUelle foudaine horreur ! & quels terribles bruits !
Ciel ! Qui peut amener la Difcorde ou je fuis ?

LA DISCORDE.

C'eft envain qu'à tes loix tu prétens qu'on réponde ;
Déeffe, fais ceffer d'inutiles travaux.
A quel coin reculé du monde,
L'Amour veut-il tenter des triomphes nouveaux ?
Pour qui deftine-t-il les traits qu'on lui prépare ?
De tous côtés je le fais dédaigner,
Lorfque de tous les cœurs la Difcorde s'empare,
Sur qui veut-il encor regner ?

Tout reffent la fureur dont je fuis animée,
A mes fanglans autels tout vient facrifier ;
Et ton Fils fe voit oublier ;
Je l'ai du moins banni de l'Europe allarmée,
S'il ne l'eft pas du monde entier.

VENUS.

Tu t'applaudis d'une fauffe victoire,
L'Amour a dans l'Europe une nouvelle gloire.

Il recueille le fruit de tes noires fureurs,
Il regne au milieu de la guerre.
Malgré tes vains efforts il rassemble deux cœurs
Qui feront quelque jour le destin de la terre.

Le Héros qui les joint commence a dénoüer
Ce nœud que tu formas avec un soin funeste.

LA DISCORDE.

C'en est assez ; épargne-moi le reste ;
Et ne me force pas à t'entendre louer
Un Roi qui me déteste.

VENUS.

Je te ferai souffrir de plus cruels tourmens ;
Tu méprises l'Amour, tu verras sa victoire :
Et je veux que ces lieux par divers changemens ;
Servent de théâtre à sa gloire.

L'Europe que tu crois attentive à ta voix,
Va chanter à tes yeux la douceur de ses loix :
Tu vas voir que des cœurs l'Amour seul est le maître.

LA DISCORDE.

Ah ! ne te flattes pas de m'en rendre témoin.

VENUS.

Je veux te contraindre de l'être,
Tu prens pour t'en défendre, un inutile soin.

LA

LA DISCORDE.

Puiſque dans ces lieux on m'arrête ,
Fureurs, ſecondés-moi, troublons au moins la Fête.

Faiſons des inconſtans , des Jaloux odieux ,
Jettons dans tous les cœurs les ſoupçons & les craintes :
Qu'on reconnoiſſe à mille plaintes
Que la Diſcorde eſt en ces lieux.

VENUS.

Tu ne peux exciter que de vaines allarmes ;
Tu rendras mon triomphe encor plus glorieux.

Faiſons regner l'Amour, faiſons briller ſes charmes,
Les doux plaiſirs ſont ſes plus fortes armes.

CHŒUR.

Faiſons regner l'Amour , faiſons briller ſes charmes,
Les doux plaiſirs ſont ſes plus fortes armes.

On danſe.

UNE GRACE.

Ah ! que l'Amour
Prépare en ce jour
De conquêtes nouvelles !
Que ſes appas
Vont ſoûmettre de Belles
Qui n'y penſent pas !

Il va fléchir tous les cœurs rebelles,
Il va pour jamais
Les bleſſer de ſes traits;
Loin de les craindre,
Cherchons leurs coups.
Quel cœur peut ſe plaindre
D'un tourment ſi doux?
Au Dieu d'amour cédons la victoire;
Quand il nous ſoûmet à ſes déſirs;
C'eſt moins pour ſa gloire
Que pour nos plaiſirs.

On danſe.

CHŒUR.

Mortels, que l'Amour vous entraîne,
Cédez à ſes douces ardeurs:
Qu'il vous bleſſe, qu'il vous enchaîne,
Qu'il regne à jamais dans vos cœurs.

VENUS, A LA DISCORDE.

Commence à reſſentir l'effet de ma vangeance;
Diſcorde, voi l'Amour triompher de la France.

FIN DU PROLOGUE.

L'EUROPE GALANTE.

LA FRANCE.

ACTEURS.

SILVANDRE, *Berger.*	Mr le Page.
PHILENE, *Berger, Confident de Sylvandre.*	Mr de la Tour.
CEPHISE, *Bergere.*	Mlle Fel.
DORIS, *Bergere.*	Mlle Metz.
UNE BERGERE.	Mlle Coupée.

PERSONNAGES DANSANS.

BERGERS, ET BERGERES.

Mrs Hamoche, Malter, Dangeville, F-Dumoulin.

Mlles St-Germain, Courcelle, Dafenoncourt, Lyonnois-C.

PASTRES.

Mlle Camargo.

Mr Levoir. Mlle Lyonnois.

Mrs Feuillade, Lyonnois, Dupré.

Mlles Thiery, Minot, Sauvage.

PREMIERE ENTRÉE.

LA FRANCE.

Le théâtre représente un Boccage, & dans le fonds un Hameau.

SCENE PREMIERE.

PHILENE, SILVANDRE.

PHILENE.

Quoi? Pour l'Objet de votre ardeur
Vous préparez encore une fête nouvelle?
Tant de fidelité doit fléchir sa rigueur;
Envain Doris affecte une fierté cruelle,
Elle se lassera de refuser son cœur,
Aux soins que vous prenez pour elle.

SILVANDRE.

Ce n'eſt plus de Doris que j'attens mon bonheur.

PHILENE.

Ciel ! Qu'entens-je !

SILVANDRE.

L'Amour m'offre un nouveau vainqueur,
Et me force d'être infidelle.

Je romps mes premiers nœuds pour des nœuds plus charmans,
Mon infidelité m'eſt chere,
Et j'ai plus de plaiſir à trahir mes ſermens,
Que je n'en ſentis à les faire.

PHILENE.

A qui donc offrez-vous votre hommage nouveau ?

SILVANDRE.

A l'indifferente Céphiſe.
Que mon triomphe ſeroit beau,
Si je la ſoumettois au Dieu qu'elle mépriſe !

PHILENE.

Vous déſiriez avec la même ardeur
Qu'un jour Doris partageât votre flâme.

SILVANDRE.

Eh ! bien, je vous apprens que j'ai ſoûmis ſon cœur,
Les feux dont je brûlois ont paſſé dans ſon ame.

Mes ſermens, mes pleurs, mes ſoupirs,
M'ont obtenu l'aveu que je demandois d'elle.

PHILENE.

Pourquoi donc brulez-vous d'une flâme nouvelle?

SILVANDRE.

L'Amour en comblant nos déſirs,
A de nouveaux nœuds nous appelle.

Plus de fois on eſt infidelle,
Et plus on goûte de plaiſirs.

L'Amour en comblant nos déſirs,
A de nouveaux nœuds nous appelle.

Cephiſe ſe plaît en ces lieux.

PHILENE.

C'eſt elle-même qui s'avance.

SILVANDRE.

Allons, Philene, évitons ſa préſence,
La fête en ma faveur, doit prévenir ſes yeux.

SCENE II.

CEPHISE.

PAisibles Lieux, agréables Retraites,
Je n'aimerai jamais que vous.

Envain mille Bergers viennent à mes genoux,
Me jurer des ardeurs parfaites.
Beaux Lieux n'en ſoyez point jaloux,
Je mépriſe leur flâme, & je les quitte tous
Pour le plaiſir que vous me faites.

Paiſibles Lieux, agréables Retraites,
Je n'aimerai jamais que vous.

Pour forcer mon cœur à ſe rendre,
On fait des efforts chaque jour;
Mais, quelques pleurs que je faſſe répandre,
Quelques ſermens que l'on me faſſe entendre,
Ce ſont les piéges de l'Amour;
Je me garderai bien de m'y laiſſer ſurprendre.

CEPHISE eſt interrompuë par les chants & par les danſes des Bergers, des Bergeres & des Paſtres.

SCENE

SCENE III.

CEPHISE, BERGERS, BERGERES & PASTRES.

CEPHISE.

QUe voi-je ? Quel ſpectacle & quels nouveaux concerts !
A qui ces jeux ſont-ils offerts ?

CHŒUR.

Aimez, aimez, belle Bergere,
Laiſſez-vous enflamer :
Que ſert l'avantage de plaire,
Sans le plaiſir d'aimer ?

UNE BERGERE.

Soûpirez, jeunes Cœurs,
Suivez ce qu'Amour vous inſpire ;
Cent nouvelles douceurs
Vous attendent dans ſon empire :
Soûpirez, jeunes Cœurs ;
Devroit-on vous le dire ?

CHŒUR.

Aimez, aimez, belle Bergere,
Laiſſez-vous enflamer :
Que ſert l'avantage de plaire,
Sans le plaiſir d'aimer ?

LA BERGERE.

Aimons dans la jeune ſaiſon,
Cédons, cédons à la tendreſſe:
Nous en faut-il d'autre raiſon,
Que le penchant qui nous en preſſe?

Envain, une erreur extrême
Nous défend de nous enflamer;
Notre cœur ſent aſſez lui-même
Le beſoin qu'il a d'aimer.

CHŒUR, Aimez, *&c.* *On danſe.*

PHILENE.

Soûpirons-tous,
Suivons l'Amour ſans nous contraindre;
Il eſt plus doux
De le ſentir que de le craindre.
Qui ſent ſes coups
Les chérit au lieu de ſe plaindre;
L'Amour rend les Amans
Jaloux de leurs tourmens.
Ses feux ſont charmans,
Gardons-nous bien de les éteindre;
C'eſt des tendres ſoupirs
Que naiſſent les plaiſirs. *On danſe.*

CEPHISE.

Que je ſçache du moins, d'où me vient cet hommage;
Quel Amant me pourſuit juſques dans ce Boccage?

SCENE IV.

SILVANDRE, CEPHISE.

SILVANDRE.

VOyez à vos genoux cet Amant empreſſé :
Je découvre en tremblant l'ardeur qui me poſſede ;
Mais, pardonnez aux maux dont je me ſens preſſé,
C'eſt dans les yeux qui m'ont bleſſé,
Que j'en viens chercher le remede.

CEPHISE.

Qu'entends-je ! Quels diſcours ! Vous ſeriez-vous mépris ?
Vous me prenez, peut-être, pour Doris ?

SILVANDRE.

Non : Céphiſe, c'eſt vous à qui je viens apprendre
Le violent amour dont je reſſens les coups.
Helas ! Doris a t-elle autant d'attraits que vous,
Et peut-on s'y méprendre ?

CEPHISE.

Ce n'eſt donc que depuis deux jours,
Que vos yeux la trouvent moins belle ;
Vous lui juriez alors une flâme éternelle ;
Quoi ! Pouvez-vous ſi-tôt démentir vos diſcours ?

SILVANDRE.

Lorſque Doris me parût belle,
Je ne connoiſſois pas encore vos attraits:
Il ſaudroit pour être fidelle,
Vous avoir toujours vûe, ou ne vous voir jamais.

CEPHISE.

Que n'adreſſez-vous mieux un langage ſi tendre,
De quelqu'autre Bergere il ſurprendroit la foi:
Pour moi, je fuis l'Amour, & je veux m'en défendre;
Mais, s'il me contraignoit quelque jour à me rendre,
Du moins voudrois-je un cœur qui n'eût aimé que moi.

SILVANDRE.

Eh bien, vous ſerez ſatisfaite.
J'ai ſenti pour vous ſeule une flâme parfaite,
Je n'ai jamais aimé comme j'aime en ce jour:
Doris étoit ma derniere amourette,
Vous êtes mon premier amour.

CEPHISE.

Laiſſez-moi, c'eſt trop vous entendre,
Redonnez votre cœur à l'aimable Doris.

SILVANDRE.

Je vous ſuivrai par tout;

DORIS, *qui ſurvient.*

Silvandre, cher Silvandre;
Ah! je l'appelle envain, il eſt ſourd à mes cris.

SCENE V.

DORIS.

Quel funeſte coup pour mon ame !
Quoi ? Silvandre, tu me trahis ?
Ingrat, qu'as-tu fait de ta flâme ?
C'eſt Doris qui te cherche, & c'eſt toi qui la fuis ?
Tu me jurois que l'aſtre qui m'éclaire,
S'éteindroit avant ton amour ;
Au-delà du tombeau je devois t'être chere,
Jamais ardeur ne parût plus ſincere,
Hélas ! Que de ſermens tu trahis en un jour !
Tu crois trouver ailleurs une plus douce chaîne ;
Mais, Perfide, crois-tu que je t'y laiſſe en paix ?
J'irai troubler ſans ceſſe, en rivale inhumaine,
Les douceurs que tu te promets :
Mon amour outragé me tiendra lieu de haine ;
Et je te rendrai bien les maux que tu me fais.

Mais, ſes tourmens calmeront-t'ils ma peine ?
Non, non, il faut plutôt lui cacher mon courroux ;
Que dans d'autres liens un nouveau feu l'entraîne,
Il ne jouira point de mon dépit jaloux ;
Et j'attendrai qu'à mes genoux,
Son inconſtance le rameine.

FIN DE LA PREMIERE ENTRÉE.

L'ITALIE.

ACTEURS.

OCTAVIO, *Seigneur Venitien.*	Mr Jeliote.
OLIMPIA, *Venitienne.*	Mlle Chevalier.
UNE VENITIENNE.	Mlle Coupée.

PERSONNAGES DANSANS.

DANS LE BAL.

UN FRANÇOIS,

Mr Dupré.

Mr D. Dumoulin, Mlle Dallemand.

MASQUES COMIQUES.	Mrs Dupré, Dumay. Mlles Pitro, Rosaly.
HOLLANDOIS.	Mrs Levoir, Hamoche. Mlles Lyonois-C. Sauvage.
PAYSANS.	Mrs Dumoulin, Caillez. Mlles Puvigné, Briseval.
CHINOIS.	Mrs Feuillade, Matignon. Mlles Beaufort, Petit.

SECONDE ENTRÉE.

L'ITALIE.

Le théâtre représente une Salle magnifique, préparée pour un Bal.

SCENE PREMIERE.

OCTAVIO, OLIMPIA.

OCTAVIO.

E verrai-je jamais le jour,
Où je ferai content de l'ardeur de votre ame ?
Ingratte, vous brûlez d'une trop foible flâme ;
Vous offensez & l'Amant & l'Amour.
Ne verrai-je jamais le jour,
Où je ferai content de l'ardeur de votre ame ?

OLIMPIA.

De quel reproche encor venez-vous m'allarmer?
Vos ſoupçons plus long-tems ne peuvent ſe contraindre,
Que ſert Ingrat de vous aimer?
Vous ne ceſſez point de vous plaindre.

OCTAVIO.

Je ne me plaindrois pas,
Si vous m'aimiez, comme il faut que l'on aime;
A ſuivre ſans ceſſe vos pas,
Je trouve une douceur extrême:
Tous les autres plaiſirs ſont pour moi ſans appas;
Du bonheur de vous voir, je fais mon bien ſuprême:
Hélas! Si vous m'aimiez de même,
Je ne me plaindrois pas.

Mais que vous êtes loin de l'ardeur qui m'enflâme;
Mon bonheur ne fait pas le plus doux de vos ſoins;
Et de tous les plaiſirs que peut goûter votre âme,
Mon amour eſt celui qui la touche le moins.

OLIMPIA.

Je connois ce qui vous irrite,
Vous ſouffrez à regret que je vienne en ces lieux;
Et le Spectacle où l'on m'invite,
Offenſe peut-être vos yeux.

OCTAVIO.

OCTAVIO.

C'eſt le ſujet de mes juſtes allarmes,
Vous reconnoiſſez mal ma foi ;
Je renonce à tout pour vos charmes,
Et vous ne quittez rien pour moi.

OLIMPIA.

Sortez de l'amoureux empire,
Ou devenez plus tranquile en aimant ;
Un cœur qui s'allarme aiſément,
N'eſt point heureux quand il ſoûpire :
Pour moi, l'amour eſt un plaiſir charmant ;
Pour vous, c'eſt un martire.

OCTAVIO.

Ah ! Ne murmurez point de mes tranſports jaloux !
L'excès de mon amour fait celui de mes craintes ;
Tout ce qui s'approche de vous
Porte à mon cœur de ſenſibles atteintes.

Que ne ſommes-nous ſeuls en des lieux retirez,
Je ceſſerois peut-être de me plaindre ;
Plus vos appas y ſeroient ignorez,
Moins j'aurois de rivaux à craindre.

On vient. Songez du moins que je ſuis près de vous,
Et ménagez un cœur jaloux.

SCENE II.

OCTAVIO, OLIMPIA; *Masques galants & comiques.*

CHŒUR DE MASQUES.

TEndres Amans, rassemblez-vous.
Pour les cœurs que l'Amour enchaîne,
Quel séjour peut-être plus doux?
S'il se trouve ici des jaloux,
L'Amour ne les ameine
Que pour les tromper tous.

On danse.

OLIMPIA.

Ad un cuore, tutto geloso,
Devé amor negar pieta.

La sua face
Ch'aletta'è piace,
Vuol dolcezza, non crudelta.

Ad un cuore, &c.

On danse.

UNE VENITIENNE,
Alternativement avec le Chœur.

Formons d'aimables jeux, laissons-nous enflâmer;
Il n'est permis ici que de rire & d'aimer.

LA VENITIENNE.

Banniſſons de ces lieux l'importune raiſon,
Elle vaut moins qu'une aimable folie ;
Un doux excès ſied bien dans la jeune ſaiſon,
Pour être heureux il faut qu'un cœur s'oublie.

CHŒUR.

Formons, *&c.*

LA VENITIENNE.

Rendez-vous, jeunes Cœurs, cédez à vos déſirs,
Tout vous inſpire un tendre badinage :
Ne preferez jamais la ſageſſe aux plaiſirs,
Il vaut bien mieux être heureux qu'être ſage.

CHŒUR.

Formons, *&c.* *On danſe.*

LA VENITIENNE,

Alternativement avec le Chœur.

Livrons-nous aux plaiſirs, il n'eſt rien de plus doux ;
Pour qui ſeroient-ils faits, ſi ce n'étoit pour nous ?

LA VENITIENNE.

Mille Amours déguiſés, dans ce charmant ſéjour,
Comblent nos cœurs d'une douceur extrême ;
Si quelqu'un en ces lieux eſt entré ſans amour,
Ne craignons pas qu'il en ſorte de même.

CHŒUR.

Livrons-nous, *&c.*

LA VENITIENNE.

L'Amour, jeunes beautés, accompagne vos pas:
Pour tout soûmettre il vous prête ses armes;
C'est vainement qu'aux yeux vous cachez mille appas,
A tous les cœurs il révele vos charmes.

CHŒUR.

Livrons-nous aux plaisirs, il n'est rien de plus doux;
Pour qui seroient-ils faits, si ce n'étoit pour nous?

OLIMPIA.

Si scherzi, si rida,
Si spensi' à goder.

Gia sotto le piume,
D'aligero, Nume,
Per noi si matura.
Lacerbo piacer.

Si scherzi, &c.

On danse.

Pendant la Fête un des Masques danse avec OLIMPIA, *& fait remarquer beaucoup d'empressement pour elle. Quand le Bal finit,* OCTAVIO *suit ce Masque, &* OLIMPIA *reste surprise de se trouver sans lui.*

SCENE III.

OLIMPIA.

QU'eſt devenu le Jaloux qui m'obſede ?
Ciel ! Quel eſt le ſujet de ſon éloignement ?
Auroit-il reconnu l'ardeur qui me poſſede ?
Mes regards n'ont-ils pas découvert mon Amant ?

Peut-être de nos yeux, la douce intelligence,
N'a pû garder le ſecret de nos cœurs ;
Ces indiſcrets témoins de nos tendres langueurs,
Ont enfin rompu le ſilence.

Ah ! Faut-il qu'une injuſte loi,
Deſtine à ce Jaloux le reſte de ma vie ;
Les ſoins que ſon Rival a laiſſé voir pour moi,
Me font redouter ſa furie ;
Que je crains....

SCENE IV.

OCTAVIO, OLIMPIA.

OCTAVIO *rentre en remettant son Poignard.*

OLIMPIA.

MAis que vois-je ? ô Ciel ! Cruel, quelle rage
vous guide ?
De quels affreux transports éteincellent vos yeux ?

OCTAVIO.

Gemi, pleure à ton tour, Perfide ;
Va, cours de ton Amant recevoir les adieux ;
Il expire près de ces lieux.

OLIMPIA en s'évanouissant.

Ciel !

OCTAVIO.

Eh bien, malheureux ! en douterai-je encore ?
Sa douleur m'en dit plus que je n'en veux sçavoir ;
Me voilà donc certain du feu qui la dévore ;
Cependant je n'ai pû vanger mon désespoir
Sur celui que son cœur adore.

Envain je l'ai suivi, ce trop heureux Amant :
Fatale Fête, Nuit trop sombre,
C'est vous dont le tumulte & l'ombre
Ont dérobé ses jours à mon ressentiment.

à OLIMPIA.

Tu reprens tes esprits, Cruelle, à ce langage;
Je suis le seul qui souffre ici:
à part.
De tous ses mouvemens je sens croître ma rage.
Je voulois lui surprendre un secret qui m'outrage;
Je n'ai que trop bien réussi.

OLIMPIA.

Vous voyez mon ardeur, il n'est plus tems de feindre,
Mon secret se découvre à vos soupçons jaloux;
C'est à l'Amour qu'il faut vous plaindre,
Je l'aurois écouté, s'il m'eût parlé pour vous.

OCTAVIO.

Quoi! Perfide, mes feux, le devoir, ma tendresse,
Mes pleurs n'ont pû vous attendrir?
Ah! je veux désormais réparer ma foiblesse,
Je mettrai tous mes soins à vous faire souffrir:
Puisque vous brûlez pour un autre,
Mon Rival en perdra le jour;
Ma fureur dans son sang éteindra son amour,
Et punira le votre.

OLIMPIA.

Cruel, cessez de m'allarmer,
N'écoutez point une injuste colere;
C'étoit à moi de vous aimer,
Mais, c'étoit à vous de me plaire.

OCTAVIO.

Ingratte, ce discours vient encor animer
Mon désespoir & ma vangeance.

OLIMPIA.

Pour vous aider à les calmer,
Il faut fuir de votre présence.

SCENE V.

OCTAVIO.

Quel outrage! Mon cœur ne peut le soûtenir,
Elle me laisse, elle rit de ma peine;
Dieux! Quand l'Hymen est prêt à nous unir,
La Perfide à ses nœuds oppose une autre chaîne,

Non, je ne puis lui pardonner;
Je me livre aux transports de ma fureur extrême,
Je suivrai les conseils qu'elle vient me donner.
Immolons mon Rival, son Amante & Moi-même.

Ne

Ne vaudroit-il pas mieux rompre un fatal lien ?
Mais le puis-je ? Insensé, quel vain espoir me flatte ?
Sans l'Objet de mes feux, je n'espere plus rien ;
C'est sa seule rigueur qu'il faut que je combatte
Allons tomber encor aux genoux de l'Ingratte ;
Pour attendrir son cœur, ou pour percer le mien.

FIN DE LA SECONDE ENTRÉE.

L'ESPAGNE.

ACTEURS.

DOM PEDRO.	Mr Poirier.
DOM CARLOS.	Mr Le Page.
UN MUSICIEN.	Mr De la Tour.

PERSONNAGES DANSANS.

ESPAGNOLS.

Mr Pitro.
Mrs Monſervin, Dupré, Dumay.
Lyonois, Feuillade.

ESPAGNOLETTES.

Mlle Carville.
Mlles Thiery, Minot, Dazenoncour,
Sauvage, Pitro.

TROISIÉME ENTRÉE.

L'ESPAGNE.

Le théâtre représente une Place publique, que l'on discerne à peine, parceque l'action se passe dans la nuit.

SCENE PREMIERE.

DOM PEDRO, Chevalier Espagnol, sous le Balcon de sa Maîtresse.

SOmmeil, qui chaque nuit jouissez de ma Belle,
Ne versez point encor vos pavots sur ses yeux,
Attendez pour regner sur elle
Qu'elle ait appris mes tendres feux.

Je vais parler, c'eſt aſſez me contraindre,
C'eſt trop cacher les maux qu'elle me fait ſouffrir;
Du moins il eſt tems de m'en plaindre,
Lorſque je ſuis prêt d'en mourir.

Ah! S'il plaiſoit aux beaux yeux que j'adore,
De ſoulager mon amoureux tourment,
Le ſort fatal que je déplore
Deviendroit un deſtin charmant.

Mais ma mort eſt toujours certaine,
Quelque ſuccès qu'Amour daigne me préparer;
Que Lucile ſoit inhumaine
Ou ſenſible à l'ardeur que je viens déclarer,
Il faudra toujours expirer
De mon plaiſir, ou de ma peine.

Quelle troupe s'avance, & qui l'ameine ici?
Reſtons, j'en veux être éclairci.

SCENE II.

DOM CARLOS, *ſuivi d'une troupe de Muſiciens & de Danſeurs.*

DOM CARLOS.

LA nuit rameine envain le repos dans le monde,
Mon cœur eſt toujours agité.
Mais mon trouble & mes ſoins font ma félicité,
J'aime mieux en jouir, que d'une paix profonde:

La nuit rameine envain le repos dans le monde,
Mon cœur est toujours agité.
à sa troupe.
C'est à vous de servir une ardeur si constante.
Soumettez à l'Amour la Beauté qui m'enchante;
Par vos plus tendres chants, tâchez de la charmer,
Rendez-lui le plaisir que je sens à l'aimer.

On danse.

UN ESPAGNOL,
Alternativement avec le Chœur.

Nuit, soyez fidelle,
L'Amour ne révele
Ses secrets qu'à vous.

L'ESPAGNOL.

S'il veut à quelque cruelle,
Faire enfin sentir ses coups;
Nuit, soyez fidelle,
L'Amour ne révele
Ses secrets qu'à vous.

CHŒUR.

Nuit, &c.

L'ESPAGNOL.

Si quelque Amant près de sa Belle
Trompe les yeux des jaloux;
Nuit, soyez fidelle,
Et cachez à tous
Des misteres si doux:

CHŒUR.

Nuit, &c.

On danse.

DOM CARLOS.

Vous ne paroissez point, ingratte Leonore,
Méprisez-vous qui vous adore?
Se peut-il que mon tendre amour
Ne fléchisse jamais votre ame?
Quoi, la nuit, si propice à l'amoureuse flâme,
Ne me sert pas mieux que le jour!

N'est-il pas tems qu'un sort heureux réponde
Aux soins trop éprouvez de ma sincere ardeur?
Le plus fidele Amant du monde
N'a-t'il pas droit sur votre cœur?

SCENE III.

DOM PEDRO, DOM CARLOS,
Et les Acteurs de la Scene précédente.

DOM PEDRO.

Moderez le transport que vous faites paroître;
Il faut s'expliquer autrement.
N'usurpez-point le nom de plus fidele Amant,
C'est moi qui me pique de l'être.

DOM CARLOS.

Envain l'avez-vous prétendu,
On ne peut égaler mes feux & ma conſtance:
Banniſſez l'injuſte eſperance
De me ravir un titre, qui m'eſt dû.

DOM PEDRO.

Puiſque Lucile eſt l'objet de ma flâme,
Peut-il être des feux plus ardens que les miens?
L'Amour par d'autres yeux, peut-il bleſſer une ame,
Si vivement que par les ſiens?

DOM CARLOS.

Lucile eſt digne qu'on l'adore,
Elle enchaîne les cœurs des plus aimables nœuds:
Si je n'avois vû Leonore,
Nous brûlerions des mêmes feux.

ENSEMBLE.

Que notre ardeur ſoit éternelle,
L'Amour nous promet mille attraits,
Diſputons à jamais,
A qui ſera plus tendre & plus fidelle.

DOM CARLOS, à ſa Troupe.

Vous; chantez, célébrez de ſi belles ardeurs,
Que vos voix, que vos chants attendriſſent les cœurs.

FIN DE LA TROISIÉME ENTRÉE.

L A T U R Q U I E.

ACTEURS.

ZAIDE, Sultane.	Mlle Fel.
ROXANE, Sultane.	Mlle Chevalier.
ZULIMAN, Sultan.	Mr de Chaſſé.
LE GRAND BOSTANGI.	Mr Perſon.

PERSONNAGES DANSANS.

SULTANES.

Mlle le Breton.

Mlles Lyonnois, Carville, Rozaly, Pitro, Petit, Beaufort, S. Germain, Courcelle.

ICOGLANS.

Mr Pitro.

Mrs Levoir, Lyonnois.

BOSTANGIS.

Mrs Dumay, Dupré, Monſervin, Matignon, Malter, Hamoche, P-Dumoulin, Caillez.

QUATRIÉME

QUATRIÉME ENTRÉE.

LA TURQUIE.

Le théâtre repréſente les Jardins du Sérail du Grand-Seigneur & dans le fonds, l'Appartement des Sultanes.

SCENE PREMIERE.

ZAYDE.

Mes yeux, ne pourrez-vous jamais
Forcer mon Vainqueur à ſe rendre ?

Faut-il avec un cœur ſi tendre,
Avoir de ſi foibles attraits ?

Mes yeux, ne pourrez-vous jamais
Forcer mon Vainqueur à ſe rendre ?

Au moment de mon esclavage,
Quand on me conduisit dans ce riche Palais,
Il parut à mes yeux l'antre le plus sauvage,
Je le fis retentir de mes tristes regrets.
Je me fis une image affreuse
Du Souverain que j'adore aujourd'hui;
Mais, sa présence enfin dissipa mon ennui;
Et je me trouvai trop heureuse
D'être captive auprès de lui.

Les Beautez dont il est le maître,
Par son ordre bien-tôt s'assemblent dans ces lieux:
Amour, Amour, fais-lui connoître
Le cœur qui le mérite mieux.

Mais, c'est lui que je vois, gardons-nous de paroître,
Il n'est pas tems encor de m'offrir à ses yeux.

SCENE II.

ZULIMAN, ROXANE.

ROXANE.

QUoi! Par d'autres appas vôtre ame est enflamée,
Mes soupirs désormais vont être superflus;
Ah! Pourquoi m'avez-vous aimée?
Ou pourquoi ne m'aimez-vous plus?

ZULIMAN.

Je ne romprois pas nôtre chaîne.
Si vous ſçaviez m'y retenir :
Mon cœur s'accorde ſans peine,
A qui ſçait mieux l'obtenir.

ROXANE.

Que votre inconſtance eſt cruelle !
Helas ! Vous m'ôtez votre cœur :
Et malgré toute ma douleur ,
Je n'oſe vous traiter d'ingrat & d'infidele.

Je vois avec horreur mépriſer mes appas,
Je ſens les plus vives allarmes ;
Mais le reſpect me force à murmurer tout bas,
Et me fait dévorer mes ſoupirs & mes larmes.

ZULIMAN.

Vous meritez un ſort plus doux,
Et mon cœur à regret ſe détache du vôtre ;
La pitié parle encor pour vous,
Mais l'amour parle pour une autre.

ROXANE.

C'en eſt donc fait, Seigneur, mes beaux jours ſont paſſez ?

ZULIMAN.

Je n'oublirai jamais que vous me fûtes chere.

ROXANE.

Vous ne m'aimez plus, c'eſt aſſez,
Tout le reſte me deſeſpere :
Que ne puis-je oublier que je vous ai ſçu plaire !
Je ne ſentirois pas que vous me trahiſſez.

ZULIMAN.

On approche, ceſſez une plainte trop vaine ;
Celles qu'ici mon ordre ameine,
Vont par leurs jeux répondre à mes déſirs :
Diſſimulez votre peine,
Et reſpectez mes plaiſirs.

ROXANE *à part.*

Voïons du moins l'Objet de ſes nouveaux déſirs.
Sçachons à qui je dois ma haine.

SCENE III.

ZULIMAN, ROXANE, ZAYDE, *& les autres Sultanes.*

Les Sultanes forment pluſieurs Danſes pour plaire à ZULIMAN.

ZAYDE, *alternativement avec le Chœur.*

QUe l'amour dans nos cœurs faſſe naître
Mille ardeurs pour notre auguſte Maître ;
Que nos tendres ſoupirs
Préviennent ſes déſirs.

CHŒUR.

Que l'amour, &c.

ZAYDE.

Dans ces lieux tout doit le ſatisfaire;
Pour ce charmant Vainqueur laiſſons-nous enflamer;
Attendons le bonheur de lui plaire,
En jouiſſant toujours du plaiſir de l'aimer.

CHŒUR.

Dans ces lieux, &c.

ZULIMAN, à ZAYDE.

Vous brillez ſeule en ces retraites,
Vous effacez tous les autres appas;
L'Amour ne ſe plaît qu'où vous eſtes,
Il languit où vous n'êtes pas.

Mon cœur ne ſent que trop le plaiſir que vous faites.
Quoi? Seigneur....

ZULIMAN.

C'eſt de vous que je me ſens épris;
Depuis le jour que je vous vis,
Mon cœur, belle Zayde, en ſecret vous adore.

ZAYDE.

Hélas! S'il étoit vrai, vous me l'auriez appris.

ZULIMAN.

Non, & c'eſt un ſecret que je tairois encore,
Si vos tendres regards ne me l'avoient ſurpris.

J'eſperois affranchir mon ame
Du péril d'engager ſa foi ;
Et je ne voulois pas me permettre une flâme
Qui prît trop d'empire ſur moi.

J'ai long-tems differé de vous rendre les armes :
Pour éviter d'éternelles amours,
Des Beautez de ces lieux j'empruntois le ſecours ;
Mais, vous triomphez de leurs charmes,
Et je vous aime enfin, pour vous aimer toujours.

ROXANE tirant ſon Poignard, & voulant fraper ZAYDE.

Ah ! C'en eſt trop, je cede à cet outrage,
Verſons le ſang que demande ma rage.

ZULIMAN, lui arrachant le Poignard.

Ciel ! Que vois-je ? Quelle fureur !
Malheureuſe, qu'oſe-tu faire ?

ROXANE.

Je voulois la punir d'avoir trop ſçu te plaire,
Et de m'avoir ravi ton cœur.

Le deſeſpoir dont je ſuis animée,
S'enflâme encor par tes diſcours ;
Tu lui jures, Cruel, les plus tendres amours,
Tu l'aimes cent fois plus que tu ne m'as aimée.

Quand tu formas les nœuds, que tu romps pour jamais,
J'éprouvai ta fierté jusques dans ta tendresse;
Hélas! C'est avec d'autres traits
Que l'Amour aujourd'hui te blesse,
Devant ses yeux ton orgueil cesse,
J'ai voulu venger mes attraits,
Et te punir de ta foiblesse.

ZULIMAN.

Quoi! Ne crains-tu pas que la mort
Soit le prix de ton insolence?

ROXANE.

Je n'ai pû remplir ma vengeance;
Ce regret seul, sans toi, peut terminer mon sort.

à ZAÏDE.

Mais toi, Rivale trop cruelle,
Prens ce fer infidele à mon juste couroux;
Portes-en à mon cœur une atteinte mortelle;
Tu m'as déja porté de plus sensibles coups.

ZULIMAN.

Qu'on l'ôte de mes yeux, & qu'on s'assure d'elle.

SCENE IV.

ZULIMAN, ZAYDE;

Et les Acteurs de la Scene précédente.

ZAYDE.

AU nom de nos tendres ardeurs,
Oubliez ſa jalouſe rage;
Ne vous vengez de ſes fureurs,
Qu'en m'aimant davantage.

ZULIMAN.

Je ſuis épris de vos attraits
Autant qu'on le peut être;
Mon feu ne ſçauroit croître,
N'y s'affoiblir jamais.

ZULIMAN ET ZAYDE.

Livrons nos cœurs à la tendreſſe,
Ne formons que d'heureux déſirs;
Aimons-nous, aimons-nous ſans ceſſe;
Comptons nos jours par nos plaiſirs.

ZULIMAN.

Que tout ſignale ici nos ardeurs mutuelles;
Qu'on offre à nos regards les feſtes les plus belles.

SCENE

SCENE DERNIERE.

ZULIMAN, ZAYDE, LES SULTANES, & les Bostangis, ou Jardiniers du Sérail.

Ils forment plusieurs Jeux, suivant leur caractere.

LE CHEF DES BOSTANGIS, alternativement avec le CHOEUR.

Vivir, vivir, gran Sultana.
Unir unir li cantara,
Mille volte exclamara,
Vivir, vivir gran Sultana.

Bello como star un flor,
Durar quanto far arbor.
A l'Enemigos su sciabola,
Como à frutas Tempesta.

La Ruciada matutina
Far florir su jardina.
Favor celesta
Coprir su Turbanta. On danse.

LE CHEF DES BOSTANGIS, Alternativement avec le CHOEUR.

Star contento,
Star potento,
Del mondo star l'amor ò lò spavento.

En regnar,
En amar,
Far tributir
L'Occidento, l'Oriento.
En regnar.
En amar,
Sempre ſentir
O Plaſer ſenſa tormento.
Dir è far,
O disfar
Subito, ſubito.
Sù lò momento.
Star contento,
Star potento,
Del mondo ſtar l'amor, ò lò ſpavento.

Sens des paroles Franques:

Vive le Souverain qui nous donne des loix ;
Chantons, chantons, repetons mille fois,
Vive le Souverain qui nous donne des loix.

Qu'il ignore à jamais les peines,
Qu'il éprouve mille douceurs,
Qu'il brille autant que les fleurs,
Qu'il dure autant que les cheſnes.

Qu'il réunisse en lui la force & le courage
Que ses voisins jaloux
Craignent plus son couroux
Que nos fruits ne craignent l'orage.

Qu'au devant de ses vœux les cœurs viennent s'offrir,
Que pour son bonheur tout conspire;
Et que le Ciel fasse toujours fleurir,
Et ses jardins & son Empire.

FIN.

APPROBATION.

J'Ai lû par ordre de Monseigneur le Chancelier une Réimpression du Ballet intitulé *l'Europe Galante*. A Versailles ce 23 Avril 1747.

DEMONCRIF.

PRIVILEGE DU ROY.

LOUIS par la grace de Dieu, Roy de France & de Navarre : A nos amés & feaux Conseillers, les Gens tenans nos Cours de Parlemens, Maîtres des Requêtes ordinaires de nôtre Hôtel, Grand'Conseil, Prevôt de Paris, Baillifs, Sénéchaux, leurs Lieutenans Civils, & autres nos Justiciers qu'il appartiendra, Salut. Nôtre très-cher & bien amé le Sieur LOUIS-ARMAND EUGENE DE THURET, cy-devant Capitaine au Regiment de Picardie; Nous a fait représenter que, par Arrest de nôtre Conseil du 30 May 1733. Nous avons revoqué le Privilege qui avoit été accordé au Sieur le Comte & ses Associez, pour raison de l'Academie Royale de Musique, ses circonstances & dépendances, & rétabli ledit Privilege en faveur dudit Sieur Exposant, pour en joüir par lui, ses Associez, Cessionnaires & ayans-cause aux charges & conditions portées par ledit Arrest, pendant le temps & espace de vingt-neuf années, à compter du premier Avril de ladite année 1733 & que pour l'exploitation dudit Privilege, ledit Sieur Exposant se trouve obligé de faire imprimer & graver les Paroles & la Musique des Opera qu'il doivent être représentés; mais que pour cet effet il a besoin de notre Permission & des Lettres qu'il Nous a très-humblement fait supplier de lui accorder. A CES CAUSES, voulant favorablement traiter ledit Exposant : Nous lui avons permis & permettons par ces Presentes de faire imprimer & graver *les Paroles & Musique des Opera, Ballets & Fêtes qui ont été ou qui seront representés par l'Academie Royale de Musique, tant séparément que conjointement* en tels Volumes; forme, marge, caractere, & autant de fois que bon lui semblera, & de les faire vendre & debiter par tout notre Royaume; pendant le temps de vingt-neuf années consecutives à compter du jour de la datte desdites Présentes. Faisons défenses à toutes personnes, de quelque qualité & condition qu'elles soient d'en introduire d'Impression ou Gravure Etrangere dans aucun lieu de notre obéissance : Comme aussi à tous Imprimeur, Libraire, Graveurs, Imprimeurs, Marchands en Taille-Douce, & autres de graver, ni faire graver, imprimer, ou faire imprimer, vendre, faire vendre, débiter ni contrefaire lesdites Impressions, Planches & Figures de Paroles, de Musique des Opera, Ballets & Fêtes, qui ont été ou qui seront representez par ladite Academie Royale de Musique, tant séparément que conjointement en tout ni en partie, sans la permission expresse & par écrit dudit Sieur Exposant, ou de ceux qui auront droit de lui; à peine de confiscation, tant des Planches & Figures, que des Exemplaires contrefaits & des Ustanciles qui auront servi à ladite contrefaçon, que Nous entendons être saisis en quelque lieu qu'ils soient trouvez; de dix mille livres d'amende contre chacun des Contrevenans, dont un tiers à Nous, un tiers à l'Hôtel-Dieu de Paris, l'autre tiers audit Sieur Exposant, & de tous dépens, dommages & interests, à la charge que ces Présentes seront enregistrées tout au long sur le Registre de la Communauté des Libraires & Imprimeurs de Paris, dans trois mois de la datte d'icelles; que la Gravure & Impression desdites Paroles & Opera sera faite dans notre Royaume & non ailleurs, en bon papier & beaux caracteres, conformément aux Reglemens de la Librairie, & notamment à celui du dix Avril 1725. & qu'avant de les exposer en vente, les Manuscrits gravés ou imprimés seront remis dans le même état où les Approbations auront été données ès mains de notre très-cher & feal Chevalier Garde des Sceaux de France, le Sieur Chauvelin; & qu'il en sera ensuite remis deux Exemplaires de chacun dans notre Bibliotheque publique un dans celle de notre Château du Louvre, & un dans celle de notre très-cher & feal Chevalier Garde des Sceaux de France, le Sieur Chauvelin : Le tout à peine de nullité des Présentes; Du contenu desquelles Vous mandons & enjoignons de faire jouir ledit Sieur Exposant, ou ses Ayants-cause, pleinement & paisiblement sans souffrir qu'il leur soit fait aucun trouble ou empêchement. Voulons que la Copie desdites Présentes, qui sera imprimée tout au long au commencement ou à la fin desdites Paroles ou Opera, soit tenue pour dûement signifiée; & qu'aux Copies collationnées par l'un de nos amés & feaux Conseillers & Secretaires, foy soit ajoûtée comme à l'Original. Commandons au premier notre Huissier ou Sergent, de faire pour l'exécution d'icelles tous Actes requis & necessaires, sans demander autre permission, & nonobstant Clameur de Haro, Châtre Normande & Lettres à ce contraires. CAR tel est nôtre plaisir. DONNE' à Fontainebleau le douziéme jour de Novembre, l'An de Grace mil sept cent trente-quatre, & de notre Regne le vingtiéme : *Et plus bas*, Par le Roy en son Conseil. *Signé* SAINSON, avec paraphe.

Registré sur le Registre VIII. de la Chambre Royale des Libraires & Imprimeurs de Paris, N. 797. fol. 779. conformément aux anciens Réglemens, confirmés par celui du 28 Février 1723. A Paris le 23 Novembre 1734.

G. MARTIN, *Syndic.*

De l'Imprimerie de la Veuve de DELORMEL, Imprimeur de l'Academie Royale de Musique, ruë du Foin à l'Enseigne Sainte Génevieve & de la Colombe Royale.

www.ingramcontent.com/pod-product-compliance
Lightning Source LLC
LaVergne TN
LVHW010101230826
846091LV00005B/2043

* 9 7 8 2 3 2 9 6 6 4 2 9 3 *